Ann Cathrin Raab

SOR-TIER-BUCH

Peter Hammer Verlag

Lauft doch nicht alle durcheinander!

Bitte einmal schön hintereinander aufstellen.

Und jetzt der Größe nach.

Bitte nach Farben sortieren.

Und nach der Anzahl der Beine.

Die Flieger hoch!

Und jetzt mal alle nach links.

Und alle nach rechts.

Mädchen links, Jungs rechts!

Jeder sucht sich einen Partner.

Nun macht mal einen Kreis.

Einer in die Mitte.

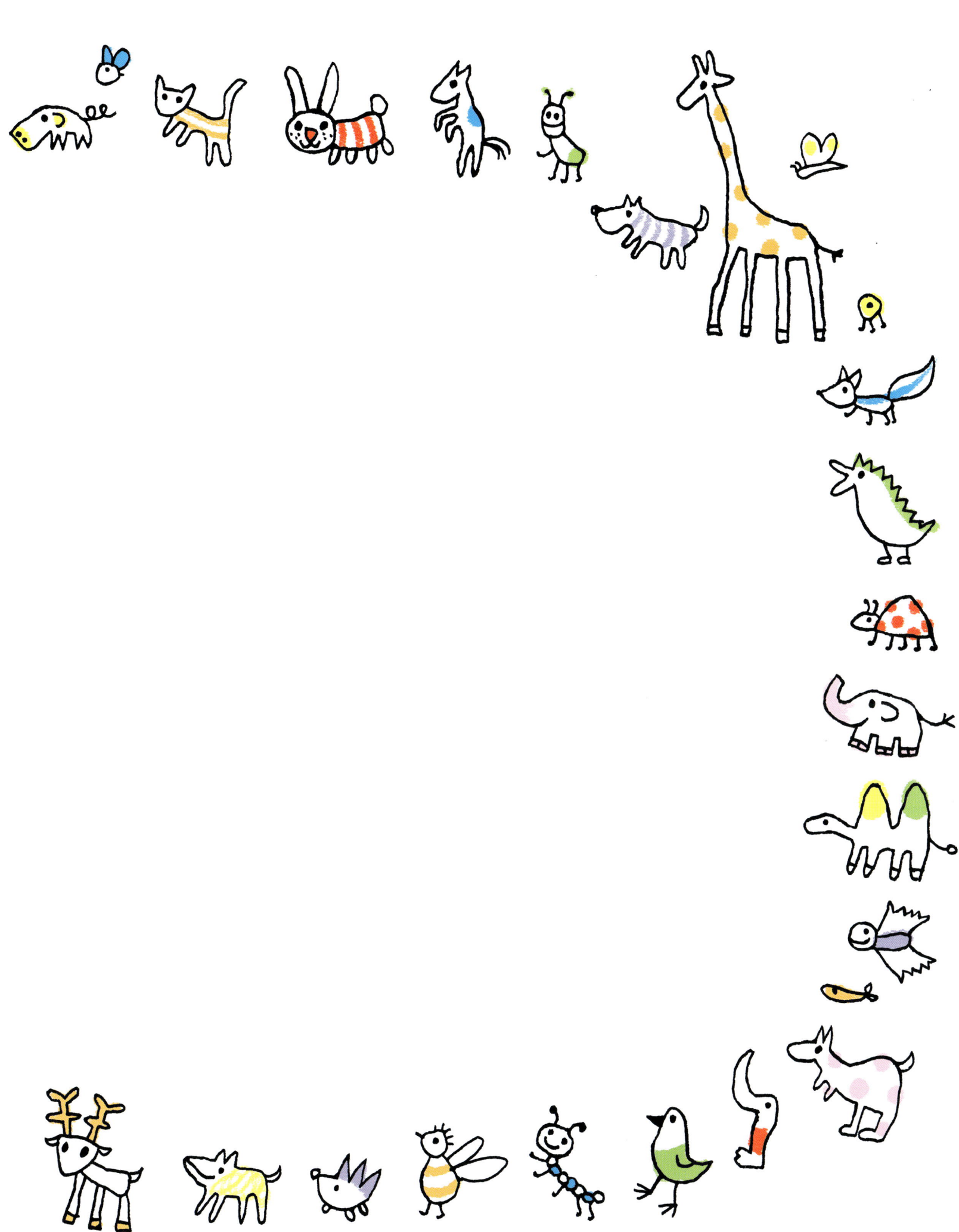

Alle in die Mitte!

Bitte schön ordentlich hinsetzen.

Und nun nochmal von vorn!

Ann Cathrin Raab, geboren 1979, studierte Illustration in Hamburg und arbeitet seit 2007 als freie Illustratorin. Sie ist Mitglied der Illustratorengruppe „Die Krickelkrakels". Ihr Bilderbuch *Zeckengeflüster* (Hinstorff, 2008) war für den Oldenburger Kinder- und Jugendbuchpreis nominiert, wurde mit dem Preis der Biennale der Illustration Bratislava geehrt und von der Stiftung Buchkunst als eines der schönsten Bücher des Jahres ausgezeichnet. Ann Cathrin Raab hat zwei Kinder und lebt mit ihrer Familie in Neumünster.
www.anncathrinraab.de

© Ann Cathrin Raab
© Peter Hammer Verlag GmbH, Wuppertal 2018
Alle Rechte ausdrücklich vorbehalten
Lektorat: Sophia Marzolff
Druck: TBB a.s.
ISBN 978-3-7795-0598-3
www.peter-hammer-verlag.de